●●●

이 책에는 임
전혀 없습니다
가시적이나 과상된 설명은 해결책이
될 수 없기 때문입니다.

시중에 나와 있는 수많은 네트워크 사업 서적들이
사업에 대한 비전만 제시하는 일에 집중하고 있습니다.
하지만 이 책은 사업자들이 실전에 대한 내용입니다.
말로만 사업설명회를 하고 효과적인 수익을 올리지
못한다면 그야말로 헛수고일 뿐입니다.

처음 사업을 시작하는 이들에게 도움을 주고자
집필하게 되었습니다.

지금부터 어떻게 하느냐에 따라 반드시
달라질 수 있습니다!

거절을 YES로 바꾸는

사업설명회 비밀

거절을 YES로 바꾸는
사업설명회 비밀

강형철 지음

사업설명, 이렇게 시작하라

네트워크 마케팅은 우리나라뿐만 아니라 전 세계적으로 영향력을 끼치며 안정궤도에 들어선 비즈니스 형태로서 세계적인 마케팅 트렌드와 유통의 흐름을 바꿔놓고 있다.

그러나 아직도 많은 사람들이 네트워크 마케팅에 대해 정확히 파악하지 못한 상태에서 사업을 진행하고 있다.

그렇다면 어떻게 해야 할까?

어떻게 해야 성공적인 네트워크 사업을 할 수 있는지에 대해 조언하는 사람들은 많이 있다. 하지만 정말로 현장에서 활용할 수 있는 요령을 터득하려면 무엇보다 중요한 것은 '실천'에 있다. 아무리 좋은 기술과 방법을 알고 있다 하더라도, 머릿속으로만 알고 실천에 옮기지 않으면 그 지식은 무용지물이기 때문이다.

이 책에 나온 항목들을 숙지해두고 자신의 사업 현장에서 실천에 옮기기만 한다면 그동안 반복했던 실수를 자양분 삼아 더 발전한 내일을 일굴 수 있을 것이다.

네트워크 비즈니스에서 성공한다는 것은 무엇일까?

그것은 지금 당장 이유 없이 일확천금을 손에 쥔다는 뜻이 아니다. 성공을 한다는 것은 '변화한다'는 것이다. 내면이 변화하고, 삶의 방식이 변화하고, 사고의 패턴이 변화한다는 의미이다. 변화를 소망하고, 실천하고, 나아가 주변 사람들도 그것을 실천할 수 있도록 하는 것을 바로 '복제'라고 한다.

이 책은 성공을 복제할 수 있게 만드는 네트워크 마케팅에 대한 실전 지침서이다.

다음과 같은 사람이라면 누구나 따라 해볼 것을 권한다.

- 지금 당장 성공을 실천할 방법을 알고 싶은 사람
- 막연한 이론이 아닌 현실적이고 현장 중심적인 노하우와
  정보가 궁금한 사람
- 새로운 것을 받아들이고 실행할 의욕을 갖고 있는 사람
- 네트워크 마케팅을 통해 인생의 가능성을 열고자 하는 사람
- 시작했거나 진행 중인 비즈니스에 있어서 실수를 줄이고
  개선하려는 사람
- 사업에서 뭔가 막히는 부분이 있어 시원하게 풀고 싶은 사람

비즈니스에서 불가능한 것은 없다는 것을 알려줄 것이다.

비즈니스를 진행함에 있어 가려운 부분을 시원하게 긁어주며 실전에서 바로 활용할 수 있는 핵심적인 지침들을 모든 페이지에서 말해줄 것이다.

하나씩 적용하고 실천하다 보면 어느새 당신이 꿈꾸던 미래가 성큼 가까워져 있을 것이다.

최초의 컨택에서 리크루팅에 이르기까지 이 책에서 알려주는 단계별 비법들을 직접 실천해보고 적용해보기 바란다. 물론 처음에는 실천이 어려울 수도 있고 시행착오를 거듭할

수도 있겠지만, 갑자기 모든 일이 술술 풀려야만 한다는 압박감을 버리고 조금씩 내 것으로 만들어나갈 수 있다는 확신을 간직하기 바란다.

'오늘은 남은 인생의 첫날'이라는 말이 있는 것처럼 오늘, 지금 이 순간, 자신의 실수와 실패를 딛고 우뚝 서서 성공을 내 것으로 만들 수 있을 것이다.

강 형 철

4장

성공적인 사업설명회의 비밀은?

5장

제대로 초대하는 노하우

1 장

네트워크 비즈니스에서
가장 중요한 것은
사업설명회에 있다

1. 사업설명회는 사업에 대한 확신을 주는 절호의 기회

네트워크 비즈니스는 '꿈'을 '공유' 하는 일에서 성패가 결정된다. 평범한 삶을 살다가 네트워크 마케팅을 만나 풍요로운 삶을 설계하게 된 수많은 성공자들은 하나같이 '돈을 많이 벌어서 성공했다.' 라고 말하는 대신 '인생에 대한 건전한 꿈을 꿀 수 있고 다른 이들과 나눌 수 있었기 때문에 성공했다.' 라고 말한다.

단순히 이익을 많이 내거나 매출을 많이 올렸다는 것 자체에서 보람을 느끼는 것이 아니라, 자신이 정말 의미 있는 일을 하고 있으며, 생활에 도움이 되는 좋은 상품의 가치를 더 많은 사람들에게 알리고 자신뿐만 아니라 타인들에게도 이득을 줄 수 있었기 때문에 보람과 가치를 느꼈다는 것이다. 때문에 이들은 자신들이 아끼는 사람들과 이 사업을 함께 하고 싶어 한다.

이처럼 네트워크 마케팅의 가치, 그리고 사업과 제품에 대한 올바른 정보를 더 많은 사람들과 공유할 수 있는 기회가 사업설명회이다.

사업설명회라고 하면 제품에 대해, 회사에 대해, 사업의 플랜에 대해 알리기 위함이라고 생각할 것이다. 그러나 단순히 정보를 전달하고 설명하는 것이 사업설명회의 궁극적인 목적은 아니다. 그것만으로는 왜 이 제품이 훌륭한지, 혹은 왜 이 사업이 전도유망한지 설득시키기 어렵다. 사람마다 성격, 상황, 절실히 필요로 하는 것이 전부 다르기 때문이다. 아무리 어떤 제품의 탁월함을 열심히 전해도, 정작 듣는 사람이 '난 전혀 필요가 없는데?' 라고 생각하거나 혹은 '그런 물건이 있든 말든 상관없어.' 라고 단정 짓는 유형이라면 당신의 설명이 귀에 들어올 리 없을 것이다.

2. 사람의 다양성을 인정하라

세계적인 자기계발 전문가 지그 지글러는 '기술적 능력과 전문지식의 영향은 15퍼센트이다. 나머지 85퍼센트는 사람에 관한 지식과 그들을 상대하는 기술이다.' 라고 말한 바 있다. 즉 사람의 마음을 사로잡을 수 있는지가 모든 일의 성공과 실패를 결정한다는 것이다.

그렇다면 사람의 마음을 사로잡을 수 있는 방법으로는 무엇이 있을까? 가장 먼저 상대를 파악하는 것이 우선이다. 100명의 사람이 100가지 다양성을 가지고 있음을 이해하는 통찰의 지혜가 필요한 것이다.

네트워크 비즈니스에 종사하는 사람들은 다른 업종에 비해 폭 넓은 다양성을 가진다. 현재와 과거 직업이 매우 다양하고, 사회 계층, 업무 경험, 학력, 출신 등도 천차만별이다. 성격적 특성들은 더 다양하다.

이처럼 다양한 사람들과 함께 일하며 성공을 공유할 수 있으려면 제품과 플랜 이전에 사람에 대한 이해도가 깊어야한다. 그래야 고객과 잠재고객을 설득할 수 있을 뿐만 아니라 제품 판매부터 리크루팅과 사업 확장 등의 단계들에서 걸림돌 없이 비즈니스를 끌고 갈 수 있다. 즉 사람을 이해할수 있으면 더 나은 협력, 더 나은 소통, 더 나은 동반성장을 이끌어내며, 이것이 더 많은 사람들이 자신의 꿈을 이룰 수 있도록 해주는 밑받침이 된다.

그럼에도 초보 사업자들은 이 대목에서 실수를 저지른다. 대개 사람을 이해하려기보다는 제품과 플랜 자체에만 집중해버린다. 하지만 네트워크 마케팅에서는 사람이 전부라해도 과언이 아니다. 사람을 이해하지 못하고 소통하지 못한다면 사업 실패도 불 보듯 뻔해진다.

반면 개개인의 성격과 스타일에 따라 설득과 대응방식이 다르다는 사실을 아는 것이야말로 이 사업에서는 절반의 성공과 다름없다. 사람들은 각자 다른 사고의 틀로 사물과 사건을 해석하고 반응한다. 삶에서 우선시하는 것도 다르고, 경험과 문제해결방식, 라이프스타일도 다르다. 따라서 사업을 제대로 펼치려면 '내가 중요하게 생각하는 것'이 아니라 '상대방이 중요하게 생각하는 것'이 무엇인지에 초점을 맞춰야 한다. 대화, 설명, 응대의 모든 중심점을 자신이 아닌 상대방으로 이동시키면, 사업뿐만 아니라 삶의 규모 또한 완전히 바뀔 것이다. 네트워크 마케팅은 결국 상대의 꿈과 기대감을 충족시키는 데 성공의 비밀이 있기 때문이다.

3. 설명하기 전에 완벽하게 이해하라

사업설명회를 성공적으로 이끌고 싶다면, 자신이 소개해야 할 제품에 대해 완벽하게 이해해야 한다. 제품의 특성과 우수성은 물론이고 그 제품이 어떻게 만들어졌는지 생산 배경과 생산과정, 생산라인까지 속속들이 알 필요가 있다.

하지만 무엇보다도 중요한 것은 자신이 소개하는 물건에 대한 진심어린 믿음이다. 스스로 믿지 않는 제품을 다른 이에게 소개하는 것은 결국 거짓말이기 때문이다.

성공적인 사업자는 물건을 파는 것이 아니라 믿음을 전한다. 고객을 설득하는 대신, 진실을 전달한다. 네트워크 마케팅 역시 상대에게 물건을, 사업을, 회사를, 플랜을 일방적으로 설명하고 강요하는 것이 아니라 그 일, 그 제품이 어떤지를 진술하고 솔직하게 털어놓는 자세가 중요하다. 이때 염두에 두어야 할 것은 똑같은 설명을 들어도 사람마다 다른 생각과 해석을 한다는 점이다. 같은 물건을 보고도 A라는 사람은 그 물건을 꼭 갖고 싶다고 생각하지만 B라는 사람은 전혀 불필요하다고 생각할 수 있다. 이것은 사람의 스타일과 성격, 각자의 환경과 상황에 따라 사물을 보는 안목이 다르기 때문이다.

때문에 지식과 정보를 많이 알고 잘 설명하는 것 못지않게 중요한 것은 상대방의 입장에서 생각할 줄 아는 능력이다. 예를 들어 탁월한 성능을 가진 신제품이 출시되었을 때 어떤 사람은 제일 먼저 그 물건을 사용해보고 싶어 하지만,

또 어떤 사람은 아무리 그 물건이 뛰어나고 편리하다 할지라도 아무런 관심이 없을 수도 있다.

상대방에게 제품이나 사업에 대한 내용을 전달할 때도 마찬가지이다. 사람보다 제품 자체를 중시하는 사업자의 경우, 지나친 설명이 오히려 지루한 느낌을 줄 수 있다. 반면 제품 이해보다 사람 만나는 것만 중시할 경우, 상대방이 의문을 제기하거나 반대 의견을 내놓았을 때 설득력 있게 응대하지 못하고 인정에 호소하려다 실패를 경험하기도 한다. 또 어떤 경우는 정확한 지식이나 정보를 등한시한 채 말재주로 분위기만 조성하려 들기도 한다.

결국 '균형'이 관건이다. 요즘 사람들은 넘쳐나는 정보의 홍수 속에 살며, 꼭 이 물건이 아니라도 얼마든지 비슷한 다른 물건들을 선택할 수 있다. 단지 정에 끌려서, 언변에 속아서 주먹구구식으로 선택하지 않는다. 따라서 성공적인 사업설명회를 계획하기 위해서는 합리적이고 깊이 있는 이해, 그리고 반대 입장과 다양한 성격 특성들을 고려한 대응법을 구체적으로 준비해야 할 것이다.

시스템 복제가 성공의 조건

네트워크 사업의 장점 중에 하나는 성공 시스템이 복제를 거듭한다는 것이다. 경험자들이 먼저 습득한 노하우들은 그 자체로 모든 사업자들에게 도움이 된다. 난관을 극복하는 법, 사업을 확장하는 법, 사람을 대하는 방법 등 그 종류는 무한하다. 즉 열심히 배우려는 자세와 마음가짐만 있으면 얼마든지 앞선 방법을 따라하면서 실패를 줄일 수 있다.

이렇게 시스템을 배울 때는 한 가지 명심할 점이 있다. 내가 배운 노하우를 혼자만 사용하는 것이 아니라 파트너와 함께 나누겠다는 다짐이다. 또한 스스로 구체적이고 체계적인 내용을 갖는 것도 필요하다. 제품과 마케팅, 리더십과 팀워크, 봉사와 서비스정신, 경영능력 같은 전문적인 내용이 그것이다.

이 사업은 스스로 배우고, 배운 것을 행하는 모범을 보일 때, 비로소 누군가를 가르칠 수 있게 된다. 그렇게 하다 보면 사업도 성장하고 스스로도 업그레이드되어 '나' 라는 1인 기업의 최고 성공자로 성장할 수 있다.

4. 체계적인 플랜을 제시하라

사업설명회를 처음 하는 초보 사업자들은 대부분 스폰서의 방식을 참조하게 된다. 그러나 이것이 단순한 모방이어서는 안 된다. 기본적인 틀을 참조하되 자신만의 스타일에 따라 체계적이고 개성적인 방식으로 플랜을 제시할 수 있어야 한다.

이는 본인의 성격적 특성에 따라서도 달라질 수 있다. 예를 들어 내성적인 성향의 사업자라면 사업설명회 자체가 두려울 수 있다. 예상되는 모든 질문이나 돌발상황을 철저하게 준비하려다가 정작 열정을 잊어버릴 수도 있다. 이런 이들은 완벽주의적인 강박이나 실수에 대한 두려움을 내려놓고 진심을 다하는 방식을 통해 상대의 마음에 다가가야 한다.

반면 외향적인 성향의 사업자라면 제품에 대한 자신감과 열정이 넘치는 나머지 상대방의 의심이나 돌발적인 질문에 인내심을 갖지 못하는 경우도 있다. 열변을 토하는데도 상대방이 선뜻 선택하지 않는 것을 이해하지 못하는 것이다. 그러나 이런 경우엔 내 생각만 절대적으로 옳다는 사고방식을 버리고, 합리적이고 빈틈없이 정보를 전달할 수 있도록 철저히 준비할 필요가 있다.

즉 사업설명회는 제품을 알리고 플랜을 제시하는 자리지만, 그보다 중요한 건 사람과의 만남이다. 나와 다른 사람들을 통찰하고 이해하는 요령을 배운다는 자세로 진행해간다면 좀 더 즐거운 마음으로 임할 수 있을 것이다.

사업설명회 준비를 위한 핵심 체크리스트

- 제품에 대해 완벽한 지식을 가지고 있는가?
- 제품에 대한 깊은 믿음을 갖고 있는가?
- 효과적으로 전달할 수 있는 자신만의 방법으로 연습을 했는가?
- 다양한 예상 질문들을 작성하고 대비했는가?
- 다양한 성격 특성별로 대응할 방법을 준비했는가?

2장

사업설명회는
어떻게
진행되는가?

1. 사업설명회는 어떻게?

사업설명회란 간단히 말해 네트워크 마케팅 사업의 구체적인 내용에 대해 전반적으로 설명하는 장으로, 네트워크 비즈니스의 성패를 좌우하는 핵심적인 기초단계라 할 수 있다.

사업자의 여건과 특성, 상황, 참석자들의 성향에 따라 소규모 모임 형식에서 대규모 행사 형식까지 다양한 형태로 진행할 수 있다. 꼭 경직된 형식에 얽매이기보다는 사람들과의 만남을 확장하는 네트워킹의 기회로 활용할 수 있다.

이때 기억해야 할 것은 참석자들 혹은 예비사업자들이 그 사업설명회를 통하여 뭔가를 얻어갈 수 있도록 해줘야 한다는 점이다. 굳이 시간을 내어 참석하는 사람들에게는 뭔가를 얻겠다는 기대감이 있다. 성공적인 사업설명회는 그런 다수의 기대감을 얼마나 충족시키느냐에 달려 있다.

그렇다면 어떤 방법으로 진행해야 할까? 참석자의 특성과 규모에 따라 다양하게 구성할 수 있지만 대개 다음과 같이 진행한다.

사업설명회는 10단계로 시작 해야 한다

1. 인사말 및 주요 연설자 소개 (3~5분)

2. 제품이나 회사에 관한 시청각 자료 시청 (10~15분)

3. 최근의 사업 진행과정과 동향 설명 (5분)

4. 인생, 미래, 꿈, 비전, 생활에 대해 이야기 나누기 (25~30분)

5. 마케팅 및 비즈니스 플랜 안내 (25~30분)

6. 회사의 역사, 성장과정, 성장률 안내 (5분)

7. 스폰서십 안내 (10분)

8. 다과를 곁들이며 휴식 (필요한 경우 제품소개 병행, 10분)

9. 후속 미팅 (30분 이내)

10. 감사인사 및 다음 모임이나 행사 안내 (참고자료 배포)

사업설명회를 처음 개최 시 주의할 점은 무엇인가?

- 사업설명회의 분위기는 자연스럽고 편안하면서도 산만하지
  않아야 한다.
- 실제 참석할 인원보다 두 배 정도의 사람들을 초대한다.
- 참석자들에게 날짜, 장소, 시간에 대한 안내를 2~3일 전에
  반드시 한다.

- 예비사업자들의 명단은 스폰서와 사전에 공유한다.
- 지각하는 사람들을 너무 오래 기다리지 말고 시작 시간 및 마무리 시간을 엄수한다.
- 설명회 시작 전에 휴대폰을 진동으로 전환하도록 안내한다.
- 질문 시간을 뒷부분에 따로 마련하여 설명회 중간에 산만해지지 않도록 한다.
- 다과를 미리 내놓으면 분위기가 집중도가 떨어지므로 정해진 시간에 내놓는다.
- 좌석은 인원보다 조금 모자란 것처럼 내놓고, 사람들이 도착할 때 하나씩 마련한다.
- 아무리 친한 사람들이 많이 참석하거나 소규모라 하더라도 깔끔한 정장 차림을 하여 비즈니스 격식을 갖춘다.
- 예상한 것보다 참석 인원이 적더라도 동요하지 말고 설명회를 진행한다.
- 제품의 샘플, 카탈로그 등을 처음부터 나눠주면 선입견을 조성하므로 정해진 순서에 의해 내놓는다.
- 사업설명회 주최자와 참석자들 간에 편안하게 어울릴 수 있도록 하고, 처음 참석한 사람들이 거부감을 느끼지 않도록 배려한다.
- 설명회는 녹음, 녹화하거나 꼼꼼히 메모하여 추후 참고자료로 삼을 수 있도록 한다.

명단을 종이 위에 작성해야 하는 이유는?

어떤 사업은 건물이 자산이고, 어떤 사업은 토지가 자산이다. 네트워크 마케팅은 '사람'이 가장 중요한 사업 자산이 된다. 이 사업을 시작했다면 가장 먼저 해야 할 일은 스폰서와 함께 내가 아는 모든 사람들의 명단을 작성하는 일이다. 이 작업은 최소 1시간 이상 신중하게 진행해야 하는데, 이 명단이야말로 사업의 기초이기 때문이다. 사업자들이 명단을 종이 위에 적지 않는 것은 쑥스럽거나 번거롭다는 등의 이유 때문이다. 하지만 명단은 이 사업의 가장 기본적인 자산인 만큼 반드시 종이 위에 작성해서 소지해야 한다. 그렇다면 왜 명단을 반드시 종이 위에 작성해야 할까?

첫째, 아는 사람을 일목요연하게 정리해 사업을 진행할 수 있기 때문이다. 또한 아는 사람을 누락시킬 위험에서도 벗어날 수 있다.

둘째, 사업계획을 설명했는지 안 했는지, 그 결과가 어떠했는지 구분해 기록할 수 있기 때문이다. 물론 이는 후속조치 때 오고간 말들을 기록하는 데도 쓰인다. 이렇게 축적된 내용은 차후 다시 한 번 시도할 때 중요한 자료가 된다.

셋째, 명단을 작성해두면 차후 사업에서 성공가도에 들어설 때 다시 한 번 사업기회를 제시할 수 있다. 비즈니스 상황은 늘 변하는 만큼 예비 사업자들을 확보해두는 것이 중요하다. 일단 관계를 맺고 나면 비단 사업 때문이 아니라도 간혹 전화를 걸거나 문자메시지를 보내는 등의 방법으로 인간적 관계를 유지하는 것이 좋다. 성공자들의 경험에 의하면 처음에는 거부하던 사람도 정기적인 연락을 취하면 그 3분의 1은 나중에 나의 파트너가 될 확률이 높다.

넷째, 세미나, 사업설명회 등에 참여할 때 수중에 명단이 있으면 같은 모임에 참가한 예비 사업자들에게 직접적으로 전화를 걸거나 연락을 취해 따로 약속을 할 수 있게 된다. 흔히 예비 사업자들은 세미나에서는 열의를 보이다가도 집에 돌아와 며칠이 지나면 시들해지는데, 이때 곧바로 연락을 취하면 약속 기회를 잡을 수 있다.

2. 어떤 내용을 전달할 것인가?

　사업설명회의 일차적인 목적은 사람들에게 제품을 소개하고 알리기 위함이지만, 단순한 제품이나 회사 소개가 유일한 목적은 아니다. 사업설명회의 가장 궁극적인 목표는 사람들의 꿈을 찾게 해주는 것이다. 여러 현실적 제약으로 인해 자신의 꿈과 이상이 무엇이었는지 잊어버린 사람들, 지금보다 더 나은 삶을 원하는 사람들로 하여금 자신의 비전을 떠올리도록 하고, 네트워크 마케팅이 그들의 꿈을 어떻게 실현시켜줄 수 있는지를 알려주는 것이 사업설명회의 역할이어야 한다. 각종 모임, 세미나, 강연 등 다양한 기회를 통해 자신의 삶을 돌아보고 개척하도록 정보를 알려주고 동기부여를 하는 것이다.

　따라서 성공적인 사업설명회를 위해서는 참석자들이 자연스럽게 마음을 열고 자신의 삶을 돌아볼 수 있도록 진솔하고 편안한 분위기를 조성해야 한다. 회사 및 제품 소개, 비즈니스 플랜에 대한 내용은 지나치게 장황하지 않도록 정확한 정보와 통계자료, 생생한 사례를 곁들여 신뢰감을 줄 수 있도록 전달하는 것이 중요하다.

연사가 자신의 성공담과 실패담, 최근의 사회상과 경제상황, 시사 트렌드, 직장이나 가정에서의 경험담, 유행하는 유머 이야기를 곁들인다면 집중도와 관심도를 높일 수 있다. 또한 인생의 꿈과 이상에 대한 이야기, 꿈을 이뤘을 때 무얼하고 싶은지, 어떤 모습의 내가 되고 싶은지에 대한 이야기를 진지하게 나눈다면 참석자와 예비사업자들도 좀 더 편안하게 집중하며 공감할 수 있을 것이다.

3. 강요하지 말고 관심을 갖게 하라

지속적인 사업설명회 개최는 예비사업자들을 사업자를 만들 수 있는 매우 중요한 기회이다. 처음에는 스폰서의 도움을 받다가 차츰 독자적으로 개최할 수 있어야 한다.

사람들 앞에서 이야기할 대본을 스스로 작성해보고 원고를 소리 내어 읽으며 녹음한 뒤, 이를 들어보며 체크하는 것도 효과적이다. 이때 경험 많은 스폰서의 조언이 큰 도움이 될 것이다.

경험이 많지 않은 경우, 처음에는 의욕이 앞서거나 요령이 부족해 여러 실수를 저지를 수도 있다. 하지만 실수는 누구나 할 수 있는 것이고, 실수를 통해 발전할 수 있으므로 너무 연연할 필요는 없다. 단, 다음의 금지사항들은 반드시 지키는 것이 좋다.

사업설명회에서 이것만은 피해야 한다

- **강압적 태도 :** 제품이나 사업에 대해 강요하는 태도는 거부감을 불러일으킨다.

- **비굴한 태도 :** 사업설명회는 개최하는 사람이 아니라 참석자들을 위한 자리이다. 지나치게 비굴하게 굴거나 부탁하는 태도는 그러한 당위성을 떨어뜨린다.

- **시간 초과 :** 대부분의 사업설명회는 2시간을 초과하지 않도록 구성하고 정해진 시간을 지켜야 한다. 시간을 초과해 한없이 늘어지는 사업설명회는 오히려 역효과를 낳는다.

- **과장과 거짓된 내용 :** 제품, 회사, 사업, 수입 등에 대해 설명할 때는 허위사실이 아닌 있는 그대로의 정보를 전달해야 한다.

- **단조롭고 지루한 진행 :** 사업설명회는 지루한 수업시간이 아니다. 다채로운 시청각 자료를 동원하고, 생기 있는 말투와 태도, 주의를 환기시키는 화제를 통해 재미있고 유용한 정보 습득과 자기계발의 시간으로 만들어야 한다.

- 어렵고 권위적인 용어 : 권위적인 자세로 어려운 전문용어를 남발하면 네트워크 마케팅에 대한 거리감이 생긴다. 평상시 지인과 대화하는 것 같은 평이한 용어로 쉽고 친근하게 이야기하라.

- 긴장과 경직 : 사업설명회는 완벽한 모습을 과시하기 위함이 아니므로, 너무 긴장하지 말고 때로 작은 실수를 하더라도 여유롭게 넘겨야 한다.

마무리할 때는 '다음' 을 확실히 하라

사업설명회를 통해 참석자들이 다음과 같은 주제에 대해 스스로 곰곰이 생각해볼 수 있도록 여운을 남기는 것이 좋다.

- 현재의 나의 꿈은 무엇인가?
- 죽기 전에 꼭 해보고 싶은 것은 무엇인가?
- 나를 위해 무엇을 이루고 싶은가? 내 가족을 위해 무엇을 이루고 싶은가?
- 꿈이 언젠가는 이루어지기를 여전히 원하는가?
- 꿈을 이룰 수 있도록 노력하고 싶은가?

- 꿈을 이룰 수 있도록 기회와 시간을 만들고 싶은가?
- 기존의 일과 수입으로 내 꿈을 이룰 수 있는가?
  꿈을 이루기 위한 대안이 있는가?

그리고 사업설명회를 마무리할 때는 그냥 작별인사로 끝내지 말고, 반드시 '다음 만남'을 잡아두는 것이 좋다. 돌아가기 전에 제품이나 사업에 대한 간단한 자료를 나눠주어 집에 가서도 생각할 여지를 주고, 관심을 보이는 사람들은 앞으로 2일 이내에 다시 만날 약속(날짜, 시간, 장소)을 확실히 정하도록 한다.

3장

가장 효과적인
사업설명회를 위해
무엇을 준비해야 하나?

1. 사업설명회의 현실성 있는 목표는 무엇?

사업설명회의 본질은 의사소통, 즉 커뮤니케이션이다. 효과적인 커뮤니케이션이란 전달하고자 하는 내용이 상대방에게 확실히 각인되어, 그 결과 상대방이 생각을 행동으로 실천하도록 만드는 것이다.

네트워크 사업의 사업설명회는 거창하고 대단한 것이 아니라 효과적인 커뮤니케이션과 편안하고 인간적인 만남을 마련하기 위한 것이다.

따라서 자신의 능력과 개성을 살려 현실성 있는 목표들을 염두에 두어야 한다. 사업설명회가 추구해야 할 현실적인 목표에는 다음과 같은 것들이 있다.

첫째, 기억하게 하라.

사업설명회에서 전달한 내용들이 참석자들의 뇌리에 확실히 기억되어야 한다. 아무리 열정적으로 전달하고 화려한 프리젠테이션 기법을 선보였다 하더라도, 사업설명회가 끝나고 집에 돌아갔을 때 참석자들의 뇌리에 아무 것도 남아있지 않다면 사업설명회를 개최한 아무런 의미가 없을 것이다.

둘째, 전달하게 하라.

사업설명회에서 여러 가지 이야기를 들은 참석자들이 그 이야기를 자신의 주변 사람들에게도 전달할 수 있어야 할 것이다. 사람에서 사람으로 이야기가 전달되고 정보가 확산된다면 그 파급력은 점점 더 커질 것이다.

셋째, 행동하게 하라.

사업설명회가 일회성 설명회로 끝나지 않고 실질적인 행동과 결과로 나타나는 것이 중요하다. 제품, 회사, 사업에 관심을 갖게끔 하고, 궁금한 점을 질문할 수 있도록 분위기를 조성하고, 실제로 제품을 사용하거나 다음 모임에 다시 참석하는 등 행동으로 현실화되게 하는 것이 중요하다.

2. 예행연습을 얼마나 해야 하는가?

무대가 익숙한 직업 강사나 전문 배우가 아닌 한, 사람들 앞에서 이야기하고 설명하는 일이 처음부터 쉬운 사람은 없다. 누구나 처음에는 긴장하고 실수할 수 있다.

그러므로 예행연습은 반드시 필요하다. 예행연습은 단순히 대본을 준비하고 읽는 것이 전부가 아니다. 자신감 있는 모습과 편안한 태도로 메시지를 전달하기 위해서는 스스로가 어떤 모습, 말투, 표정을 하고 있는지를 반드시 점검해볼 필요가 있다.

아무리 다른 사람의 설명회나 강연을 많이 보았더라도, 정작 자신이 어떻게 행동하고 말하는지를 확인할 기회는 많지 않았을 것이다. 따라서 예행연습을 위해서 다음과 같이 준비해보자.

1. 녹음하기

자신의 목소리 톤, 어투, 말의 습관을 확인하기 위한 가장 좋은 방법은 강의 내용을 녹음해서 들어보는 것이다. 목소리가 너무 낮거나 높거나 단조롭지 않은지, 책 읽는 것처럼 딱딱하게 말하지 않는지 체크한다.

2. 녹화하기

귀로 들리는 것뿐만 아니라 자신의 전체적인 모습도 확인해야 한다. 실제로 연단에 선 것처럼 연설을 하고 이것을 동영상으로 촬영하여 자신의 모습을 점검하는 것이다. 시선 처리, 제스처, 손의 처리 등 머리에서 발끝까지 모습을 확인하고 불필요해 보이는 습관이 있는지 확인한다.

3. 반복하기

대본 읽는 연습을 하고, 동영상으로 녹화를 하고, 녹화한 것을 검토하는 과정을 여러 번 반복해야 한다. 동영상 속의 자신의 모습에 어느 정도 만족감이 느껴질 때까지 반복연습을 하는 것이 중요하다. 마치 청중이 된 것처럼 자신의 모습을 객관적이고 냉정하게 보고, 서툴거나 더듬지 않는지, 긴장하거나 경직되어 있지 않은지, 지루하게 말하고 있지 않은지를 체크하도록 한다.

3. 자기소개는 어떻게 할까?

사업설명회의 분위기와 전반적인 인상은 주최자가 자기 소개를 할 때 반 이상 결정된다고 해도 과언이 아니다. 그만 큼 자기소개시의 첫인상이 중요하다. 참석자들은 이 설명회 가 귀담아 들을 만한지 아닌지를 이미 그때 결정하는 경우 가 많다.

효과적인 자기소개의 원칙은 간단하다.

첫째는 '간결함', 둘째는 '편안함' 이다.

장황하고 과시욕 가득한 자기소개 치고 믿음과 신뢰를 주 는 경우는 드물다. 따라서 자기소개를 할 때는 간결하고 짤 막하여 귀에 잘 들어오는 한두 문장으로 압축해야 한다. 청 중의 숫자가 많은 사업설명회에서 연단에 올라 자기소개를 할 때도 최대 1분을 넘기지 않는 것이 좋다.

자기소개가 그보다 길어지면 마치 자랑하는 것처럼 비춰 질 수 있다. 필요한 경우 자신의 핵심적이고 간략한 이력을 담은 프로필이 적힌 소개문을 미리 나눠주는 것도 좋은 방 법이다.

자신감과 여유가 있는 사람일수록 자기소개를 할 때도 그 자신감과 여유가 드러난다. 당당하면서도 편안하게 자신을 소개하는 사람은 절로 믿음이 간다.

사람들은 그러한 믿음이 느껴지는 사람의 말을 귀담아 들으려 하며, 이러한 신뢰감은 2시간 가까이 진행될 사업설명회의 집중도를 높여준다.

4. 초기 사업자의 호응을 얻으려면 어떻게 할까?

설명회를 할 때 청중의 호응을 잘 유도하는 사람들에는 공통점이 있다. 그것은 화려한 언변이나 달변, 실수 없는 완벽한 연설이 아니라 모든 이야기의 중심을 청중들에게 두는 사람이다. '당신들을 위한 자리, 당신들의 이야기'라는 메시지를 전달하는 것이다.

반면 청중의 호응을 얻지 못하는 사람은 모든 이야기의 중심을 자기 자신에게 둔다. '나를 위한 자리, 나의 이야기, 나의 훌륭함을 알리는 무대'라는 메시지를 전달하면 청중은 그의 이야기에 관심을 갖지 않는다.

단 한 명에게 이야기를 하건, 수백 명을 앞에 두고 이야기를 하건, 그 이야기가 아무리 가치 있고 흥미로운 정보를 담고 있다 할지라도, 그 이야기를 들을지 말지를 결정하는 선택권은 듣는 사람들에게 있다. 즉 모든 설명회에서는 연설을 하는 사람이 주인공 같지만 사실은 듣는 사람들이 주인공이 되어야 한다.

따라서 꼭 달변이 아니더라도 '당신들이 주인공입니다.'라는 메시지를 전달할 수 있어야 한다. 그러한 메시지가 진심으로 전달될 때 청중은 몸을 일으켜 경청하며 그 내용을 기억하려 한다. 다음은 청중을 주인공으로 만드는 사업설명을 위해 만들어진 수칙들이다.

초기사업자의 호응을 유도하는 강의의 필수요소

- **아이 컨택** : 허공을 보며 연설하지 말고 되도록 한 사람 한 사람과 시선을 교환하라.
- **관심을 보이는 몸의 언어** : 청중을 향해 몸을 앞으로 살짝 기울여라.
- **흥미거리** : 누구나 관심을 가질 만한 화제로 서두를 열어라.
- **질문** : 일방적으로 연설하지 말고 이따금 청중 전체에게, 혹은 한두 사람을 지목하여 질문을 던져라.

- 물리적 거리 : 대규모 사업설명회인 경우, 가끔씩 연단에서 내려와 사람들 사이사이를 돌아다니면 물리적 거리를 좁히고 시선을 집중시키는 효과가 있다.

- 관찰 : 하품, 몸을 기대거나 꼬는 것 등 청중의 작은 행동들을 관찰하여 연설이 늘어지거나 지루해지지 않았는지 점검한다.

- 메모하기 : 중요한 질문이나 의미 있는 반응이 나올 때는 진지하게 귀 기울이며 티 나지 않게 메모를 해둔다.

5. 유머를 활용하는 요령은?

모든 종류의 연설이나 대중 강연에서 유머러스한 화두는 긴장을 풀어주고 분위기를 부드럽게 만들며 주의를 환기시키는 효과가 있다. 사업설명회에서도 마찬가지다. 적절한 유머는 설명의 집중도를 높여주고, 호감도를 상승시키며, 열린 마음으로 설명을 받아들일 수 있게 해준다.

하지만 유머는 잘못 사용하면 오히려 분위기를 어색하게 만들거나 본의 아니게 불쾌감을 줄 수도 있다. 또 유머를 과하게 사용하여 사람들을 웃게 만들겠다는 강박은 설명회의 진정성을 떨어뜨릴 수도 있다.

유머는 내용 전달의 효과를 높이고 분위기를 전환하는 작은 도구여야 한다. 유머를 제대로 활용하기 위해서는 다음의 사항들을 기억해두자.

유머 효과를 높이기 위해 꼭 기억해둘 것

- 코미디언이 되려 하지 말라. 유머는 윤활유 역할을 하는 것이지 그 자체가 중심이 되어서는 안 된다. 일부러 웃기려고 애를 쓰는 것처럼 보여서는 안 된다.
- 철 지난 유머를 구사하지 말라. 유머나 유행어는 금방 바뀐다. 아무리 자신은 재미있는 유머라고 생각할지라도 유행이 지난 해묵은 유머를 사용하면 오히려 분위기를 그르친다.
- 누군가에게 불쾌감을 줄 수 있는 유머가 아닌지 재확인하라. 성별, 계층, 외모, 장애를 비하하는 종류의 유머는 무신경하고 저급하게 비춰질 수 있다.
- 웃음을 강요하지 말라. "제가 웃긴 이야기를 해드리겠습니다."라고 예고하는 유머 치고 정말 재미있는 유머는 드물다. 유머는 아무도 예상하지 못한 타이밍에 청중의 긴장을 풀어주고 분위기를 부드럽게 만들기 위함이다.

- 청중이 웃지 않았다고 해서 당황하지 말라. 유머를 재미있게 느끼고 웃을지 말지 하는 것은 청중이 결정하는 것이다. 청중이 웃지 않았다 하더라도 여유롭게 넘어가되, 호응을 유발하지 못하는 유머는 다음 사업설명회 때는 지양하도록 한다.

- 경험에서 우러나오는 자신만의 이야기로 웃음을 유발하라. 유머 책이나 코미디 프로그램에서 베껴온 것이 아닌, 자신의 생활이나 경험에서 유발된 실수담이나 농담을 활용한다면 청중에게 신선한 느낌을 줄 것이다. 또한 자신을 웃음의 주제로 삼을 만큼 유연하고 인간적인 사람으로 보이게 해주는 효과가 있다.

6. 인상 깊은 사업설명회를 하려면?

사업설명회 경험이 많지 않은 사업자들은 대개 말을 더듬지 않거나 실수하지 않는 것에만 초점을 맞춘다. 하지만 성공적인 사업설명회의 중요한 요건은 어떤 인상을 남겼느냐다. 그런 면에서 실패한 사업설명회란 참석자들에게 아무런 인상도 남기지 못한 설명회일 것이다.

지나치게 강요적인 설명회, 참석자들을 고압적으로 가르치거나 계몽하려 드는 설명회는 거부감을 불러일으켜 부정적 인상을 남긴다. 또한 이 못지않게 주의해야 할 것이 바로 '기억에 남지 않는' 사업설명회이다.

아무리 빈틈없고 완벽하게 내용을 전달했다 할지라도 참석자들이 돌아가서 그 내용이 뇌리에 남지 않거나 마음속에서 뭔가가 맴돌지 않는다면 그 설명회는 의미가 없다. 다양한 테크닉, 노련한 스피치 같은 형식적인 화려함만 떠오를 뿐 핵심 메시지가 마음에 남지 않는다면 그 사업설명회는 애초의 목적을 잃어버린 것일 수 있다. 아무리 어려운 정보와 지식을 많이 전달했다 하더라도 그 전문적인 내용들 자체는 참석자들에게 그리 중요하지 않을 수도 있는 것이다.

훌륭한 사업설명회는 열정적이고, 활력적이며, 긍정적인 인상을 준다. 뜨거운 에너지로 가득하며, 그 에너지가 오랜 시간 지속된다. 이러한 사업설명회를 접한 사람들은 2시간가량의 설명회가 끝나고 돌아가서도 자기가 들은 내용에 대해, 그리고 자신의 지금의 삶과 앞으로의 꿈에 대해 깊이 생각해보게 된다. 인상 깊은 사업설명회를 하려면 얼마나 완벽하게가 아니라 얼마나 진심을 전달할 것인가에 주력해야 한다. 오래 기억되는 사업설명회의 요건으로 다음과 같은 점들을 기억해두자.

인상 깊은 사업설명회의 특징

- 남과 다른 독특하고 창의적인 개성이 담긴 사업설명회
- 자신만의 눈물겨운 경험담과 성공스토리를 녹여낸 사업설명회
- 주최자나 연설자가 아니라 참석자가 주인공이 되어 적극 질문하고 참여할 수 있게 하는 사업설명회
- 조금 서툴더라도 인간미가 넘치는 사업설명회
- 많은 내용보다는 핵심적이고 강력한 하나의 메시지를 전달할 수 있는 사업설명회
- 시청각 자료, 슬라이드 등을 다양하게 준비하여 지루하지 않은 사업설명회

7. 사업설명회에서 태도의 역할은?

명연설로 기억되는 세계적인 위인들, 프리젠테이션의 달인들, 대중연설전문가들에게는 공통점이 있다. 그들의 연설 스타일과 연설을 잘하게 된 계기는 저마다 다르지만, '지금 이 순간, 당신들을 향해 진심으로 호소하고 있다.' 는 메시지를 온 힘을 다해 전한다는 점에서는 한결같다.

사람들 중에는 대중 앞에서 말하거나 발표하는 것을 좋아하고 잘하는 사람이 있는 반면, 그렇지 않은 사람도 있다. 사람들 앞에 나서는 게 즐거운 사람이 있는 반면, 부담과 긴장의 연속인 사람도 있다.

하지만 훌륭한 연설가는 타고난 성격이나 적성으로 만들어지는 것이 아니다. 오히려 눌변이고 말주변이 부족하고 대중 공포증이 있는 사람이 뛰어난 연설을 하는 경우도 많다. 왜냐하면 연설이나 발표는 연습과 훈련만 잘해도 단기간에 발전시킬 수 있는 능력이기 때문이다.

특히 네트워크 비즈니스 사업설명회에서 중요한 건 능력이 아닌 '태도' 이다. 긍정적이고 적극적인 태도만 있다년 그 속에서 우러나오는 진심이 분명히 참석자들에게 전달될 수 있다. 오늘 만난 인연을 소중히 여기는 태도, 상대와 소통하는 순간을 즐거워하는 태도, 열심히 최선을 다하는 태도가 사업설명회의 성패를 좌우한다.

이런 태도가 참석자와 청중에게 가장 큰 영향을 끼친다. 비록 부족하더라도, 부족해 보일까 전전긍긍하는 사람보다는 '나는 완벽하지는 않지만 오늘의 사업설명회가 기쁘고 즐겁습니다.' 라는 태도만 갖춘다면 참석자들에게 더 많은 에너지를 전달할 수 있다.

사람은 입으로는 거짓을 말할 수 있어도, 마음가짐과 태도로는 거짓말을 못한다. 그리고 긍정적인 태도는 그 자리에 참석한 다른 사람들에게 자연스럽게 전파된다. 성공을 믿는다는 태도, 비즈니스를 즐겁게 진행하고 있다는 태도, 함께 목표를 달성하고 싶다는 태도를 갖춘다면 누구나 성공적인 사업설명회를 할 수 있다.

8. 연설의 타고난 재능이 있는 것일까?

프로 운동선수가 되려면 재능이 필요하다. 뛰어난 연주자나 예술가 중에도 어렸을 때부터 놀라운 재능을 보인 '신동'들이 있다. 이처럼 타고난 재능이 필수 요건인 분야들도 있다. 때로는 노력만으로 타고난 재능을 따라잡지 못하는 경우도 있다.

그러나 연설이나 발표, 말하기 기술은 특출한 재능을 요하는 일이 아니다. 요령을 모르고 시도할 기회가 없었던 것일 뿐, 집중적으로 훈련하면 누구나 빠른 시간 동안 익힐 수 있는 것이 연설과 발표 능력이다. 한 예로 적잖은 명연설가들이 어린 시절에는 말더듬증으로 고생하거나 대인공포증을 겪었다. 그럼에도 그들이 명연설가로 기억될 수 있었던 것은 순전히 노력을 통해 단점을 극복했기 때문이다.

하물며 사업설명회는 완벽한 연설 능력을 보여주기 위한 자리가 아니다. 사람들은 당신이 말을 잘하는지 아닌지 구경하려고 설명회에 참석한 게 아니다. 따라서 말재주가 뛰어나거나 연설 능력이 훌륭하지 않다고 처음부터 걱정할 필요는 없다. 좋은 사업설명회란 이미 자신이 가진 좋은 장점과 에너지를 끄집어내고 전달하는 것이기 때문이다.

연설에 대한 두려움은 어찌 보면 긴장에 내한 누려움이다. 그 두려움을 극복하려면 '어떻게 하면 완벽할까?'를 고민하지 말고 진심을 있는 그대로 전달하겠다는 마음을 가져야 한다. 예행연습을 충분히 하되 진심과 열정의 태도만 잃지 않으면 된다. 그것만으로도 당신은 훌륭한 사업설명회를 진행할 자질을 충분히 갖춘 것과 다름없다.

말을 더듬어도 리더가 될 수 있다

역사에 남은 훌륭한 위인들은 흔히 그 자질을 타고났다고 여겨진다. 그러나 겉모습만으로 판단하는 것은 속단이다. 영국 국왕 조지 6세가 리더와는 거리가 먼 성격에 말더듬 증으로 오랜 세월 고통 받았던 것처럼, 위대한 족적을 남긴 다른 수많은 사람들도 그 이면에 무수한 상처와 실패의 경험들을 지니고 있다.

2차 세계대전의 승리에 큰 역할을 한 영국 총리 윈스턴 처칠도 그랬다. 언어치료사의 치료를 받을 정도는 아니었지만, 그에게도 말을 더듬는 증상이 있었기에 정치가로서는 약점이 아닐 수 없었다. 그러나 그는 '로마제국 흥망사'를 수차례 베껴 써가며 말하기 연습을 한 끝에 그 약점을 극복할 수 있었다.

4 장

성공적인
사업설명회의
비밀은?

1. 만남을 위해 준비해야 할 것

새롭고 다양한 사람들과 만나기 위해서는 무엇을 준비해야 할까?

첫 번째 요소는 부드럽고 유연한 대화 요령과 인사말이다. 네트워크 사업을 통해 만나게 되는 사람들은 기존에 알던 사람들일 수도 있지만 전혀 모르는 사람들일 수도 있으며, 직업이나 성향, 개성도 각기 다양하다. 따라서 사업과 제품에 대한 흥미를 자연스럽게 유발하면서도 과하지 않은 방식으로 대화를 풀어나가는 것이 좋다.

첫 대화에서 다음과 같이 서두를 연다면 큰 무리 없이 비즈니스에 대한 이야기를 연결시킬 수 있다.

서두를 여는 비즈니스 대화는 이렇게 해야 한다

"당신이 관심을 보일만 한 비즈니스 관련 정보가 있습니다."

"저는 요즘 새로운 일을 하느라 살맛납니다."

"제가 일하는 분야는 21세기에 적합한 차세대 유통분야랍니다."

"이 분야는 지금까지 알고 계시던 사업과는 이런 점에 있어서 다른 것 같아요."

"노력한 만큼 수입을 올릴 수 있는 사업입니다."

"능력껏 돈을 벌고 싶고 성공하고 싶어 하는 당신에게 적합한 사업인 것 같은데요."

"이 회사에서 개최하는 강연(세미나, 설명회)에 참석해서 정확하고 구체적인 정보를 알아보시지 않겠습니까?"

이런 대화는 피하라

- 처음부터 다짜고짜 회사에 대해서만 언급하는 대화
- 사업설명회 참석을 집요하게 요구하는 대화
- 사실이 아닌 것을 꾸며서 말하는 대화
- 실제보다 과장해서 말하는 대화

2. 가장 친한 친구와 지인을 초대하는 방법

예비사업자들을 초대할 때 처음에는 친한 친구나 평소 잘 알고 지내던 지인에게 연락을 하는 경우가 많다. 그들은 내 이야기에 귀 기울일 가능성이 높기 때문이다. 그러나 편한 상대라고 무작정 사업설명회 참석을 강요하는 것은 오히려 역효과를 불러일으킬 수 있다. 그 사람의 현재 상황에 대한 이해와 관심을 먼저 보이고, 이것을 자연스럽게 초대의 기회로 연결하는 것이 좋다. 친구나 지인을 초대할 때는 다음과 같은 사항들을 염두에 두자.

친구나 지인을 초대할 때의 포인트

1. 경제적 가치

가까운 친구나 지인이라면, 각자의 경제적인 상황이나 어려움에 대한 고민을 상담하거나 조언을 하는 데 부담이 적다. 따라서 사업을 소개할 때도 상대방의 경제적 현황을 고려하는 것이 좋다. 현재의 수입에 추가하여 부가적인 수입을 올리고 싶은지, 현재 파산이나 빚으로 인해 경제적으로 어려운 형편인지, 자녀 교육비나 생활비 때문에 염려하는 부분이 있는지, 자신이나 배우자의 직업이 불안정하거나 실직 위기가 있는지 등등을 고려하여 그 사람에게 적합한 해결책이 있음을 알려주도록 한다.

2. 시간적 가치

네트워크 마케팅은 출퇴근하는 여느 직장처럼 시간에 얽매이는 사업이 아니므로 개인의 여유 시간을 최대한 활용할 수 있다는 점을 알려준다. 기존에 하던 일을 계속하면서도 할 수 있고, 현재 구직 준비 중이거나 자녀가 어느 정도 성장해 자투리 시간을 생산적으로 활용할 방법을 찾고 있는 경우 등 각자의 상황에 따라 안내한다.

3. 미래적 가치

일확천금이 아니라 노력한 만큼의 수입을 올릴 수 있는 사업임을 알려준다. 네트워크 마케팅은 21세기형 유통산업으로서 미래적 가치가 있는 비즈니스라는 정보를 정확히 안내하고, 경력이나 전문지식, 많은 자본 없이도 누구나 시작할 수 있는 일이라는 점 또한 자세히 설명해주는 것이 좋다. 만약 이전에 다른 직종이나 사업을 통해 열심히 일해 온 사람이라면 그러한 열정과 성실성을 발휘할 수 있는 적절한 장이며, 꿈꾸는 미래를 더 빠른 시간에 실현시킬 수 있는 비전 있는 비즈니스임을 알려준다.

3. 모르는 사람과 전화상으로 컨택하는 방법

평소 잘 알고 지내던 사람을 초대하는 경우도 있지만 때로는 별로 친하지 않거나 전혀 모르는 사람을 찾아내고 초대해야 하는 경우도 있다.

친한 사람을 초대하는 것에 비해 쉽지 않게 느껴질 수도 있지만 그만큼 새로운 인연을 만들며 더 큰 보람을 느낄 수 있다.

입장을 바꿔 생각해보면, 잘 알지도 못하는 사람이 갑자기 다가와 너무 많은 새로운 정보를 전달하려 든다면 거부감과 의심부터 들 것이다. 따라서 한꺼번에 정보를 알려줘야 한다는 성급함을 버리고, 상대방이 자연스럽게 나의 생활과 일에 대해 먼저 관심을 갖게끔 하는 여유로운 자세를 갖는 것이 좋다.

겨우 안면만 있는 정도이거나 잘 모르는 사람을 초대할 때는 다음과 같은 태도를 염두에 두고 다가가는 것이 좋다.

모르는 사람에게 컨택할 때의 포인트

1. 긍정적인 이미지

평소에 늘 밝은 표정으로 먼저 인사를 건네며 긍정적인 이미지를 주는 것은 모든 인간관계의 시작에서 매우 중요하다.

2. 공통의 관심사

거주하는 동네, 비슷한 또래의 자녀, 하는 일, 취미활동 같은 공통의 관심사는 사람과 사람의 벽을 허물고 인간적인 유대를 맺게 하는 데 최적의 도구이다. 공통의 관심사를 통해 편안하고 자연스럽게 대화를 나누고 어느 정도 대화의 물꼬가 트였다면 사업에 대한 이야기를 나눌 수 있을 것이다.

3. 편안한 대화

나의 생활과 하는 일에 대해 먼저 소개하고 개방한다면 상대방도 자연스럽게 관심을 갖게 될 것이다. "여유 시간을 활용하여 수입을 올릴 수 있는 사업"이나 "일한 만큼 얻어갈 수 있는 일", "취미와 여가를 즐기면서도 시간을 활용할 수 있는 사업"에 대해 부드럽고 유연한 태도로 이야기를 한다.

전화를 통해 컨택할 때 주의점

깊이 있는 이야기를 나누고 사업설명회에까지 초대하려면 전화 컨택은 한계가 있다. 전화통화 시에는 만날 약속 시간과 장소를 정하거나 사업설명회 일시, 장소를 안내해주는 정도로만 이야기하는 것이 좋으며, 장황하게 사업설명은 하지 않도록 한다. 즉 전화 컨택 시에는 최대한 간략한 핵심만 전달하고 짧게 통화하는 것이 좋다. 무엇보다도 기본적인 전화 에티켓을 반드시 숙지하도록 한다.

- 어떤 이야기를 할 것인지를 전화 걸기 전에 미리 써서 연습한다.
- 전화를 걸었을 때 상대방이 지금 통화를 할 수 있는 상황인지를 먼저 확인하고 양해를 구한다. 통화가 어렵다고 할 때는 다음에 통화할 수 있는 시간을 확인하고 그때 전화를 걸겠다고 말해준다.
- 통화 시간은 길어도 3분을 넘기지 않도록 한다.
- "2분 정도 통화가 가능하십니까?"와 같이 통화 제한시간을 먼저 알려주어 상대방이 의아해하거나 불안해하지 않도록 배려한다.

- 이러이러한 이야기를 하기 위해 전화를 걸었다는 용건부터 먼저 알린다.

- 최근 안부를 통해 상대방의 주된 관심사나 현재 상황을 대략적으로 파악하고 그것을 사업에 대한 관심사로 연결시킨다.

- 사업설명회에 초대하거나 미팅 약속을 잡기 위해 강박적으로 강요하거나 비굴한 태도로 요구하지 않는다.

- 일방적으로 내 말을 하지 말고 주로 상대방의 이야기를 듣도록 한다.

- 통화를 마무리할 때 반드시 만날 약속을 정한다.

- 만날 약속을 잡을 때는 "언제 시간 되세요?"와 같이 막연하게 묻는 것이 아니라 "다음 주 화요일과 목요일 중 언제가 좋으세요?"와 같이 정확한 선택권을 주고 상대방이 결정하게끔 한다.

4. 온라인과 오프라인을 통해 초대하는 법

세일즈와 관련한 전통적인 리크루팅 성공 기법 중에 가장 중요한 것으로 손꼽히는 것이 있다. 바로 오프라인과 온라인을 통한 지속적인 연락 취하기이다.

세일즈 전문가들 중에는 리크루팅 대상자들에게 1주일에

1회 정도로 정기적으로 DM이나 이메일을 발송하는 사람들이 많다. 꾸준히 오는 유익한 내용의 우편물이나 이메일은 궁극적으로 '나는 당신을 기억하고 있으며 관심을 갖고 있습니다.' 라는 호의와 관심의 메시지이기 때문이다. 물론 상대방이 한 번 보고 버릴 수도 있으니 별 것 아닌 것처럼 보일 수도 있지만 실제로 이메일을 꾸준히 받은 결과 본격적으로 사업 활동에 뛰어드는 사례가 적지 않다.

이때는 오프라인과 온라인을 함께 활용하는 것이 좋다. 리크루팅을 활성화시키기 위해서는 다채로운 경로를 동원해야 한다.

예전에는 발로 뛰거나 전화를 걸고 우편을 보내는 것이 컨택의 전부였다면, 요즘에는 각종 온라인 채널들이 애용되고 있다. 이메일, 문자메시지, 여러 종류의 SNS를 통해 리크루팅 대상자들과 접촉하고 초대할 수 있다.

5. IT 도구를 활용하는 방법

지금은 명실상부한 디지털 시대이다. 인류 역사상 가장

진화한 최첨단 IT 도구들이 발전하여 예전에 없던 경로로 사람들을 만나고 무한한 네트워크를 형성할 수 있게 되었다. 이러한 기술적 진보는 네트워크 마케팅의 대상자를 찾고 예비사업자에게 컨택하고 리크루팅하는 방식을 진화시키고 있다.

발로 뛰고 만나러 가고 직접 설득하는 아날로그 방식도 물론 중요하고 기본적인 리크루팅 방식이다. 그러나 여기에 다양한 디지털 IT 도구를 추가한다면 활동영역과 컨택 범위가 넓어질 수 있다. 지금의 IT 도구들을 잘 활용하면 리크루팅 대상자에 대한 정보 관리는 물론, 빠르고 친근한 방법으로 친분을 쌓을 수 있다.

디지털 시대에는 리크루팅 방식도 디지털적으로 이뤄진다는 점을 기억하자. 리크루팅 대상자의 명단과 정보를 컴퓨터에 입력해 데이터를 관리할 수도 있고, 각 대상자에게 언제 어떻게 컨택했는지 구체적인 내용들을 기록해 데이터베이스도 만들 수 있다.

예를 들어 이메일로 유익한 자료를 보내거나 문자메시지, SNS로 안부인사를 보내고, 페이스북, 트위터, 블로그 등의 다양한 소통 통로를 통해 친분을 쌓으며 정보를 활발히 공유하면 더욱 효과적이다.

시대가 원하는 사업이란?

어떤 사업 설명회를 가보면, 사업이 탄생한 배경 지식은 언급도 않고, 무조건 하면 성공한다고 역설한다. 그러나 모든 사업 성공은 결국 시대 읽기와 관련이 있는 만큼 시기를 잘 타야 한다.

지금 네트워크 마케팅이 요구 받는 이유도 시대가 원하기 때문이다. 만일 앞으로 100년 후, 또는 과거 100년 전에 네트워크 마케팅이 등장했다면 아마 지금과 같은 급성장을 거듭하기 어려웠을 것이다.

따라서 이 사업을 준비하려 한다면 그 전에 많은 경험을 가진 이들을 통해 네트워크 사업의 장점과 단점, 시대 속에서 이 사업이 어떤 의미를 지니는지, 어떤 흐름으로 성장 기회를 잡을 수 있는지 등을 파악해 둘 필요가 있다.

예를 들어 누군가 "당신은 성공을 꿈꾸고 있는가?" 라며 물으면 아마 다들 그렇다고 말할 것이다. 하지만 "성공을 위하여 당신은 무엇을 알고, 어떻게 움직이고 있는가?" 라고 물으면 꿀 먹은 벙어리가 되는 사람이 많다. 대부분은 그저 부자가 되고 싶다는 막연한 희망만 언급한다.

할 수 있다는 자신감도 중요하지만 결국 자신감은 시대의 변화를 읽을 수 있는 능력에서 나온다는 점을 기억하고, 다양한 책과 강의, 세미나 등을 통해 이 사업에 대한 다양한 지식을 습득하도록 하자.

5장

제대로
초대하는
노하우

1. 초대하기 전에 친구가 돼라

'내 영역으로 새로운 사람들을 초대하는 이유는 무엇일까?'

비즈니스의 측면 이전에 초대의 근본적인 목적을 상기해 보자. 우리가 사람들을 초대하는 이유는 그들이 내 성공 수단이어서가 아니라 그들과 더 멋진 인생, 더 나은 인생을 함께 하고 싶어서이다. 내가 소중히 여기는 사람들과 함께 사업에 뛰어들어 서로 좋은 영향력을 끼치기 위해서이다.

당신이 이 사업을 시작한 이유도 단순히 수입 때문만은 아니었을 것이다. 물론 수입도 중요하지만 그 밑에는 미래에 대한 희망과 자기계발에 대한 열정이 깔려있었을 것이다. 이러한 열정을 바탕으로 사회적인 인정, 가족과의 화목, 인간으로서의 자유와 여유를 만끽하고 싶었을 것이다.

사람을 초대할 때도 이러한 점들을 염두에 두어야 한다. 이때 열정을 가로막는 가장 큰 방해물은 의심과 두려움이다. 모든 사람은 새로운 것을 두려워하고 기존의 세계에 머무르려는 습성이 있다. 그러나 시도하지 않고 행동하지 않고 움직이지 않는다면 아무 것도 바뀌지 않는다.

꿈을 막는 가장 주된 장애물은 의심이다. 예비사업자를 초대할 때 그들의 꿈을 막는 가장 큰 장애물도 바로 두려움과 의심이다. 그것은 사람과 사람의 관계를 가로막는 벽이기도 하다. 처음 컨택을 할 때 당신을 위축시키는 것도 바로 두려움이다.

2. 소개하기 전에 '소개할 만한 사람'이 먼저 돼라

두려움을 극복하고 의심의 장벽을 허물어뜨리는 가장 좋은 방법은 사업 초대 '기법'을 연구하는 것이 아니라, 상대에게 믿음을 주는 '친구'가 되는 것이다. 사람에게 접근하는 방식 자체를 바꾸는 것이다. 무작정 사업을 소개하거나 제안하겠다며 다가가지 말고 생각을 공유하는 친구로서 대화를 나눌 수 있는 상대가 되어야 한다.

다짜고짜 사업이나 제품 이야기부터 꺼내지 말고, 다음과 같은 생각의 여지를 상대방에게 남겨주는 것으로 시작하자.

"당신은 5년 후, 10년 후에 어떤 모습으로 살고 있을 것 같나요?"

"지금의 일이나 생활에 얼마나 만족하십니까?"

"지금 하는 일은 언제까지 계속할 예정인가요?"

"현재의 수입이 만족스러우신가요?"

"당신의 경험과 장점을 활용할 수 있는 비즈니스 정보를 알아보실
 의향이 있나요?"

성공적인 초대를 위한 가장 강력한 전략은 기발한 기법이
나 교묘한 언변이 아니라 당신 스스로 '소개할 만한 사람' 즉
'믿음이 가는 사람'이 되는 것이다. 믿음이 가는 사람이란
전문적 지식과 소양을 갖추었음에도 친근하고 인간적이며
편안함을 주는 사람이다.

당신의 사업에 다른 사람들이 자연스레 관심을 갖게 하려
면, 믿음직하고 성실하며 전문적이고 당당한 모습을 보여주
자. 당신이 다른 사람들의 성공을 복제하고 있듯이, 다른 사
람들이 당신의 성공을 복제하도록 하는 것이다.

아무리 화려한 경력을 자랑하고 능력이 뛰어나더라도 성
공적인 비즈니스에서 가장 기본은 믿음이다. 긍정과 열정을
잃지 않는 사람, 먼저 타인에게 감사하는 사람, 밝은 에너지
를 주는 사람, 신뢰 있는 말을 하는 사람, 꿈을 다른 사람들

에게 나눠줄 수 있는 사람이 되자.

　운명에 끌려가는 사람이 아니라 운명을 끌고 가는 사람, 꿈을 성취할 수 있다는 확신을 가지고 타인에게 좋은 영향력을 끼치는 사람이 되는 것이야말로 성공적인 초대의 가장 중요한 노하우이다.

초대할 때 이것만은 절대로 피하라

- 상대방의 상황을 고려하지 않는 태도

지금 상대방이 전화를 받기 어려운 타이밍이거나 바쁜 일에 쫓기고 있다면 짧은 통화나 대화조차 성가실 것이다. 좋은 내용이 효과적으로 전달되려면 상대방이 어떤 상황에 처했는지를 제일 먼저 고려해야 한다.

- 자료나 샘플을 일방적으로 너무 많이 안겨주는 것

좋은 정보가 담긴 자료나 제품의 샘플은 회사나 제품에 대해 궁금증을 갖고 있는 사람에게 말보다 더 효과적이다. 그러나 아무 관심이 없는 사람에게 자료나 제품을 많이 보내는 것은 오히려 아무런 효과가 없을 수도 있다. 자료나 샘플을 보낼 때는 상대방이 적절한 관심을 갖기 시작하는 타이밍이어야 한다.

- 설교하듯이 길고 장황하게 이야기를 늘어놓는 것

비즈니스 대화나 초대 목적 대화는 짧고 간결해야 한다. 대화를 시작할 때는 목적을 분명히 알리고 용건만 간단히 하도록 한다. 또한 상대방을 가르치듯이 장황하게 이야기하지 말고, 상대방이 관심을 가질 만한 주제나 혜택을 먼저 제시함으로써 자연스레 흥미를 이끌어낼 수 있어야 한다.

초대에 적합한 사람

리크루팅 대상자 및 사업설명회에 초대하기 적합한 사람들에게는 다음과 같은 특성이 있다. 즉 다음과 같은 특성을 가진 사람들을 우선적으로 초대하고 소개하는 것이 효과적이다.

- 성격이 긍정적이고 진취적인 사람
- 모든 일에 적극적인 사람
- 새로운 것을 열린 마음으로 받아들이며 귀 기울이는 사람
- 꾸준한 자기계발과 지속적인 자기발전을 이루고 싶어 하는 사람
- 새로운 정보를 얻고 새로운 지식을 배우는 것을 즐기는 사람
- 현재에 안주하지 않으려는 사람
- 지금과 다른 미래를 꿈꾸는 사람
- 과거보다 미래를 지향하는 사람
- 더 높은 곳으로의 성공을 바라는 사람
- 다른 사람이나 가족에게 기대지 않고 스스로의 힘으로
  자립하려는 의지가 있는 사람
- 자기만의 사업을 하고 싶은 사람

- 자신의 능력을 발휘하여 그에 합당한 대가를 얻고 싶어 하는 사람

- 지금보다 큰 집, 큰 차, 더 나은 생활환경을 원하는 사람

- 일의 가치를 중시하면서도 풍요로운 삶을 꿈꾸는 사람

- 가족애가 강하고 가족과 자녀를 위해 최선을 다하려는 사람

- 배우자에게 지금보다 더 보탬이 되어주고 싶은 바램이 있는 사람

- 직종을 불문하고 직장생활이나 사업 경험이 있는 사람

- 일이나 사업에서 실패의 쓴맛을 경험한 적 있는 사람

- 사람과의 만남과 인연을 중시하는 사람

- 정직하고 성실하며 허황된 욕심을 부리지 않는 사람

6 장

거절당하지 않고 사업을 전달하는 7가지 전략

1. 나의 흥미가 아닌 상대방의 흥미를 우선시하라

네트워크 사업을 잘 알지 못하는 사람을 대할 때는 처음에 어떻게 접근하느냐가 매우 중요하다. 당신의 첫 분위기와 인상이 이후 결실을 결정짓는다 해도 과언이 아니다. 또한 이 과정에서 내 이야기를 거부하거나 초대를 거절하는 경우가 수긍보다 많을 수 있음을 알아두어야 한다.

상대방에게 단번에 거절당하는 사업 전달 방식에는 다음과 같은 유형이 있다.

- 닥치고 소개하는 유형

: "우리 회사는 말이죠… 이 제품이 얼마나 좋냐하면…"

→ 내가 아무리 좋은 마음으로 좋은 정보를 이야기해도 상대방은 '그게 나와 무슨 상관인가?' 라고 생각한다.

- 호구조사 유형

: "지금 하는 일로 얼마 버세요? 지금 쓰는 제품은 어디 거예요?"

→ 상대방의 사적인 부분을 캐묻는 듯한 인상을 주어 거

부감을 심어준다.

- 스토커 유형

: "언제 시간 되세요? 내일 찾아가도 될까요?"

→ 다짜고짜 일방적으로 만나달라는 요구는 오히려 당신을 '기피 대상'으로 만들 가능성이 높다. 상대방은 굳이 당신을 만나줘야 할 필요가 없다.

그렇다면 어떻게 해야 상대방의 거절을 피하지 않고, 자연스럽게 상대의 관심을 유도할 수 있을까?

그 핵심은 '상대방의 입장'에서 '상대방의 입장'을 먼저 고려하는 데 있다.

아주 친밀한 사이가 아니면 사실 상대가 내 생각과 흥미를 절로 공감하고 알아주지는 않는다. 내게는 아무리 중요하고 흥미로우며 도움 되는 정보라 할지라도 상대방에게는 전혀 관심의 대상이 아닐 수도 있다.

상대방은 자신이 모르는 회사나 제품에 대해 굳이 알아야 할 까닭이 없는 것이다.

2. 상대방에게 인내심을 요구하지 마라

사업을 전달하거나 사업설명회에 초대할 때 대부분의 사업자들은 자신이 상대방에게 유익한 정보를 준다고 생각한다. 즉 혜택을 베풀어주는 입장이라고 여기는 것이다. 그러나 정작 상대방은 그렇게 생각하지 않는다. 내가 아무리 뛰어난 제품을 소개해도 상대방은 비슷한 성능을 가진 다른 브랜드의 제품을 얼마든지 많이 알고 있다. 세상 모든 상품들이 '우리 회사 물건의 품질이 최고' 라고 강조하며 저마다 비슷한 광고를 하기 때문이다. 또 아무리 우리 회사의 장점을 강조해도 상대방은 '다른 회사도 다를 바 없다.' 고 생각할 수 있다.

따라서 내가 전달하는 모든 내용은 상대방에게는 전혀 아무런 매력도, 차별점도 없게 느껴질 수 있다. 상대방이 잘 모르는 제품이나 사업에 대해 일방적으로 정보 전달을 하려 하면 누구나 의심하고 거부하는 것이 당연하다.

그런 상황에서는 아무리 정보를 전달하려 한들 상대방은 짜증만 나고 인내심의 바닥을 느낄 수 있다. 그로서는 당신의 이야기를 믿고 당신의 요구를 따라줘야 할 아무런 이유도 없기 때문이다. 특히 사설이 장황해지고 비슷한 이야기가 되풀이되면 더더욱 듣고 싶어 하지 않는다.

3. 무차별적으로 접근하지 마라

요즘 사람 치고 스팸메일이나 스팸 문자메시지, 보이스피싱 등으로 직간접적인 피해를 입지 않은 사람이 없다. 수없이 날아드는 광고메일이나 홍보메시지에 피로를 느끼는 경우도 많다. 누구도 그런 광고지나 스팸메일을 눈여겨보거나 관심을 갖지 않는다. 심지어 처음부터 스팸으로 분류되도록 필터링을 해놓기도 한다.

네트워크 사업의 초대도 잘못 적용하면 이와 다를 바 없다. 이 사업에 전혀 관심이 없는 사람들에게 무차별적으로 접근해 제품을 알리거나 정보를 전달할 경우 성공할 확률은 거의 없다.

따라서 리크루팅 단계에서는 초대에 성공하는 것보다 거절당하는 비율이 훨씬 높을 수 있음을 염두에 두고 스트레스를 받지 말아야 한다. 아무리 능력 있는 사업자도 새로운 사람을 만나거나 새로운 거래처를 개척하는 일을 늘 어렵다. 거절당하는 걸 쉽게 느끼는 사람은 아무도 없다.

더욱이 목적성 없는 접근, 상대방의 상황을 파악하지 않은 상태에서의 무차별적인 접근은 거절을 유발할 확률이 더 높다. 따라서 관심을 가질 만한 사람, 관심을 가질 만한 상황에 놓여있는 사람, 그리고 이 사업이나 제품을 필요로 할 만한 사람을 중심으로 초대하고 접근해야 한다.

4. 민폐를 끼치지 마라

요즘에는 어린 아이들조차도 종일 꽉 짜인 스케줄 속에 살아가는 세상이다. 하물며 어른들은 더 바쁘고 시간이 없다. 예전처럼 시간이 남아돌고 남의 이야기에 굳이 귀를 기울여줄 마음의 여유가 없는 것이다.

그래서 좋은 마음으로 유익한 사업 정보를 전달한다 해도 상대방에게는 짧은 전화 통화나 방문 자체가 몹시 불편한 상황이 될 수 있다.

사업자들은 자신의 회사와 제품을 깊이 신뢰한다. 사업을 하는 당위성도 충분히 갖고 있다. 그래서 내가 믿는 제품을 다른 사람들도 써보고 싶어 한다고 믿고, 내가 가치 있게 여기는 사업에 대해 다른 사람들도 솔깃해 할 것이라고 생각한다.

그러다 보니 상대방이 선뜻 관심을 보이지 않거나, 결정을 못 내리고 머뭇거리거나, 초대를 거절하게 되면 답답해한다. '이런 좋은 기회를 왜 거절하지? 이런 좋은 제품을 왜 안 써보려 하지?' 라는 생각에 더욱 강요적으로 상대방을 다그치며 설득하려 든다. 그러나 그 순간부터 당신이 하는 모든 말과 행동은 상대방에게는 민폐가 되어버린다.

제품을 알리거나 사업을 전달할 때 거절당하는 이유 중 대부분인 바로 이러한 사고방식과 접근법 때문이다. 느닷없는 전화 연락, 갑작스런 방문, 일방적인 정보 전달은 어떤 경우도 상대방에게는 무의미하다. 또한 막연히 예상하는 것과 실제 상황은 얼마든지 다를 수 있다.

만약 상대방이 부정적인 반응을 보이거나 강한 어조로 거절할 때는 더 이상 요구하거나 강요하지 말고 "실례했습니다."라든가 "잘 알겠습니다."와 같이 인사하고 깔끔하게 마무리를 하는 것이 낫다.

당신의 좋은 의도가 상대방에게는 피해가 될 수도 있음을 항상 염두에 두자. 정보를 전달하려 골몰하지 말고, 어떻게 하면 상대방이 저절로 흥미를 갖게 할 것인지를 생각하라.

5. 약속을 받아내려 안달하지 마라

사업을 전달할 때는 전화통화보다는 만남이 효과적이며, 만남을 약속할 때는 "언제 한 번 만납시다."가 아니라 가까운 시일 중에 날짜와 시간을 정하는 것이 중요하다. 그러나 아무리 만남이 중요하나 해도 무작정 약속을 받아내려 하는 것도 거절을 유발하는 주된 원인이다.

특히 다음과 같이 애매모호하게 요구할 경우, 대부분은 거절당할 가능성이 높다.

"언제 시간 되세요? 한 번 찾아뵐게요."

"제품 샘플을 써보실래요? 언제 방문해도 될까요?"

"돈을 많이 벌 수 있는 사업에 대해 알려드리겠습니다."

위와 같이 요구하는 경우 대부분의 사람들은 "괜찮습니다." 혹은 "시간이 없어서요."라며 만남 자체를 거절한다.

그러나 다음과 같은 제안은 상대방에게 큰 부담을 주지 않기 때문에 굳이 거절하지 않을 가능성을 높여준다.

"도움이 될 만한 제품 샘플을 보내드리고 싶은데 어디로 보내드리면 좋을까요?"

"유익한 자료를 보여드리고 싶은데 이메일 주소를 알려주시면 발송해드리겠습니다."

이와 같은 간결한 제안은 상대에게 큰 부담이 되지 않을 뿐더러, 실제 샘플을 접함으로써 제품에 대해 단번에 이해할 수 있게 해준다. 만남을 요구하기 전에 이와 같이 간접적인 방식으로 자연스러운 흥미를 유발할 만한 연결고리를 제공한 후, 후일에 다시 만남 약속을 제안한다면 거부감을 훨씬 줄일 수 있다.

6. 먼저 대본을 써서 연습해라

전화연락을 해야 하거나 만남을 약속했을 때, 누구나 처음에는 긴장하게 마련이다.

아무리 좋은 정보와 이야깃거리를 갖고 있더라도, 막상

전화기를 잡고 난 후, 혹은 약속장소에 도착한 후에 갑자기 할 말을 잊어버리기도 하고, 준비했던 이야기를 제대로 풀어내지 못하기도 한다. 상대방이 편안한 사이가 아니라면 순간 머릿속이 하얗게 되어 말을 더듬을 수도 있다.

그러므로 전화를 걸거나 만나기 전에는, 전달하고자 하는 내용을 미리 대본의 형태로 종이에 써볼 것을 권한다. 토씨 하나까지 구어체로 그대로 적어보고, 그것을 자신의 말투대로 읽어보며 여러 번 연습하는 것이다.

특히 전화연락 전에 대본을 써서 연습한 후, 통화 시에도 대본을 눈으로 참고하며 이야기하는 것도 하나의 요령이다. 말할 내용을 써보고 소리 내어 읽어보는 것은 말하는 능력을 향상시키는 데 매우 효과적이다. 처음에는 읽는다는 자체가 어색할 수 있지만, 되풀이하다 보면 조리 있게 차근차근 말하는 능력이 자신도 모르게 향상된다.

7. 교육을 통해 발전하는 사람이 돼라

사업 전달 성공률을 높인다는 것은 결국 나날이 스스로를 발전시킨다는 뜻이다.

지금은 하루가 다르게 사회 변화가 가속화되는 시대이다. 아무리 전문지식을 갖고 있거나 경험이 풍부해도, 어제까지 유용했던 지식이 오늘부터는 아무 쓸모가 없을 수도 있고, 작년까지 통용되던 방식이 올해부터는 통하지 않을 수 있다.

이처럼 변화에 대비하고 시대에 뒤떨어지지 않는 방법은 끊임없는 자기계발과 공부밖에 없다. 네트워크 마케팅에서 성공하기 위한 가장 중요한 요인은 자기 자신을 새로운 지식과 정보를 어떻게 지속적으로 흡수하느냐에 있다.

그러기 위해서는 회사에서 주최하는 세미나, 강연, 크고 작은 강좌 프로그램 등 각종 교육 기회를 최대한 활용해야 한다. 또한 비즈니스 관련 서적들을 늘 가까운 곳에 놓아두고 참고하며 지식을 쌓아야 한다.

바빠서 책 읽을 사람이 없다고 말하는 사람, 사람 만나느라 공부할 시간이 없다고 말하는 사람은 발전에 한계가 있다. 당장 눈앞의 것들 때문에 자기계발을 게을리 하는 사람은 노력에 비해 성과가 없거나 열심히 뛰어도 거절당하는 경험을 점점 더 많이 하게 될 것이다.

이런 사람을 찾아야 성공한다

초대할 만한 사람을 찾을 때는 우선 큰 카테고리를 정하고, 각각의
카테고리에 속하는 사람들의 목록을 작성하는 것이 순서다.
목록을 정리할 때는 크게 다음과 같은 범주로 카테고리화 하는 것이
효과적이다.

[카테고리 1] 사적인 관계

- 친구, 지인 : 현재 왕래하는 친구, 학교 동창, 친구의 배우자,
  친인척
- 이웃 : 동네나 지역의 가까운 이웃, 자녀의 학교나 학원의
  가까운 학부형

[카테고리 2] 공적인 관계

- 직장 관계자 : 같은 직장 동료, 선후배, 거래처 직원, 이직을
  희망하는 사람, 퇴직을 앞둔 사람, 퇴직자, 새로운 일을 하고자

하는 사람, 이직을 준비하는 사람

- 사업 경험자 : 업종 전환을 희망하는 사람, 새로운 사업을
  준비 중인 사람
- 영업 관련 직종 경력자 : 영업이나 마케팅 직종 경력자, 이직을
  염두에 두는 사람

[카테고리 3] 친목 관계

- 동호회 : 취미 관련 동호회, 친목회, 문화센터나 헬스클럽 동료
- 종교단체 : 같은 종교 활동을 하는 신도
- 봉사단체 : 같은 봉사활동이나 사회활동을 하는 동료

[카테고리 4] SNS를 통한 관계

- 페이스북 : 미래에 대한 준비를 계획하는 사람
- 카카오스토리 : 취미나 건강에 대한 정보를 공유하는 사람
- 카톡 : 자주 연락하는 지인
- 이메일 : 정보를 주고 받는 사람

7 장

사업의
성공률을
끌어올리는 상담법

1. 성공하는 사업자는 무엇이 다른가?

네트워크 마케팅 사업자는 인상 관리를 빼놓을 수 없다. 호감을 주는 외모, 좋은 에너지를 풍기는 첫인상을 가진 사업자일수록 사업 성공률이 단기간에 상승하는 경우가 많다. 여기서 말하는 외모란 생김새가 아니라 그 사람에게서 풍기는 전체적인 분위기를 말한다.

얼굴이 잘생기고 못생기고를 떠나, 인간적인 매력과 믿음을 주는 아우라를 뜻한다.

상대에게 내가 어떤 사람인지를 알리려면 시간이 필요하다. 사람들은 낯선 사람을 볼 때 처음에는 겉모습만으로 평가한다. 몸가짐이 안정적인지, 옷차림이 깔끔하고 전문적인 느낌을 주는지, 밝고 편안한 미소를 짓는지, 목소리에 활력이 있는지 등등이 바로 그의 첫인상을 결정한다.

따라서 네트워크 마케팅을 잘하는 사업자가 되려면 성형수술이 아니라 인상 관리를 해야 한다.

사업자로서 타인에게 어떤 인상을 주고 있는지 자신의 현재 겉모습부터 체크하자.

성공하는 사업자의 첫인상은 어떻게 해야 하는가?

- 어느 정도 격식을 갖춘 깔끔한 옷차림

: 꼭 비싼 고급 브랜드의 옷을 입을 필요는 없지만, 지나치게 캐주얼하지 않은 예의 바른 옷차림을 하는 것은 중요하다. 지저분하거나 실밥이 흘러나오지 않은 깔끔한 차림새를 항상 갖춰야 한다.

- 단정한 매무새

: 사업자에게 가장 중요한 태도는 성실함과 진중함이다. 이러한 태도가 겉으로도 자연스럽게 우러나와야 한다. 따라서 너무 화려하고 요란한 옷을 입거나 과한 액세서리를 착용하는 것은 피하는 것이 좋다.

- 미소가 어울리는 밝은 표정

: 인생과 사업에 대해 열정이 가득한 사람 치고 얼굴을 찌푸리고 다니는 사람은 찾기 어렵다. 밝은 미소가 가득한 사람은 언제 어디서나 호감을 얻고 좋은 인상을 남긴다.

- 기운찬 목소리

: 처음 인사할 때의 목소리 톤도 중요하다. 에너지가 가득한 밝고 기운찬 목소리는 그 사람의 인상에서 큰 비중을 차지한다.

실패를 자초하는 비호감 인상이란?

- 지저분한 매무새

: 비호감으로 느껴지는 사람들의 가장 큰 특징은 깔끔하지 않다는 점이다. 구겨진 셔츠나 블라우스, 옷깃에 비듬이 떨어진 것을 방치해둔 뒷모습, 잘 빗지 않은 머리, 대화할 때의 입 냄새 같은 지저분한 매무새를 한 사람이 사업을 잘하기는 어렵다.

- 어두운 표정

: 근심걱정이 가득해 보이는 표정, 불안감을 조성하는 험악한 인상, 웃음기 없는 무뚝뚝한 표정을 하고 있는 사람과는 사업은커녕 잠시 이야기를 나누기도 싫을 것이다.

- 기운 없는 모습

: 기력이 없는 발걸음, 구부정한 어깨, 기어들어가는 작은 목소리, 초점 없이 떨군 시선 등은 성공자가 아닌 실패자의 전형적인 모습이다.

- 어울리지 않는 과한 치장

: 너무 튀는 장신구, 번쩍거리는 요란한 의상, 지나치게 튀는 색깔의

머리 염색 혹은 염색을 방치해 탈색이 된 부스스한 머리 등은 신뢰 감을 주는 사업자의 모습이라고 할 수 없다.

상담시의 기본 에티켓은 어떻게 해야 하나요?

- 착석 에티켓

: 상담이나 미팅에서 누군가를 만날 때는 상대방을 맞이할 때 반드시 일어서서 맞이하고, 상대방이 먼저 자리에 착석한 후, 혹은 중요 인물이 권유한 후에 뒤따라 앉는 것이 에티켓이다.

- 휴대폰 에티켓

: 사업자에게는 휴대폰 에티켓도 매우 중요하다. 상담 중에 전화를 받거나 휴대폰을 힐끔거리며 메시지를 수시로 확인하는 것은 대단한 결례다. 사업상의 모든 상담이나 만남에서는 대화를 나누는 상대방을 최우선시해야 한다. 상담 시작 전에 휴대폰을 반드시 진동 모드로 전환함은 물론, 가방 안에 넣어두어 방해가 되지 않도록 한다.

2. 상황별 매뉴얼 준비하기

사업의 지속성을 높이려면 점차 시행착오를 줄이고 비즈니스의 수준을 높일 필요가 있다. 거기에 꼭 필요한 것 중 하나가 나만의 '상황별 매뉴얼' 을 작성하여 항상 활용하고 실수를 줄여나가는 것이다.

'이럴 땐 대충 이렇게 하면 되겠지.' 라는 생각을 아무리 해도 예상하지 못했던 돌발 상황은 늘 발생한다. 네트워크 마케팅은 사람과의 만남이 중요한데, 사람과의 만남에서는 예상을 뛰어넘는 일들이 늘 생기기 때문이다.

이 매뉴얼은 사업 과정에서의 거의 모든 순간에 필요하다. 예를 들어 전화를 걸 때와 받을 때, 사업을 설명할 때, 회사를 설명할 때, 제품을 설명할 때, 만남을 거절당할 때, 사업 제안을 거절당할 때, 그리고 사업과 제품에 관한 다양한 질문을 받을 때 등이 있다.

이러한 각 상황별 예상되는 경우들의 리스트를 만든 후, 스폰서 혹은 성공한 사업자들의 조언을 참조하여 매뉴얼을 만들어두면 큰 도움이 된다. 이때 다른 사람의 방식을 그대로 따라하지 말고 자신만의 개성과 특성에 맞게 대사를 작성하여 평소에 외우도록 하자.

이처럼 상황별 매뉴얼 리스트를 작성해 연습하고 대비할수록 비즈니스의 수준을 빠른 시간 안에 끌어올릴 수 있다.

3. 일방적으로 떠들지 말아야 하는 이유

사업상의 상담에서 일방적으로 장시간 설명을 하거나 카탈로그 내용을 하나씩 짚어가며 부연설명을 늘어놓는 것은 초보 사업자의 모습이다.

만남의 목적이 무엇이건 사람을 만난다는 것은 그저 설명하고 설득하기 위함이 아니다. 더구나 카탈로그 내용을 있는 그대로 읽어가며 설명을 늘어놓는 것은 오히려 귀한 시간을 낭비하는 결과를 낳기도 한다. 카탈로그의 글자는 누구나 읽을 수 있으며, 상대방이 귀한 시간을 쪼개어 나를 만난 이유는 글자를 대신 읽게 하기 위함이 아니었을 것이다.

사업적 상담에서는 카탈로그에 없는 내용이 오고가야 하고, 쌍방향 대화가 이루어져야 한다. 궁극적으로는 일방적으로 떠드는 상담이 아니라, 상대방의 이야기를 주의 깊게

들을 수 있는 상담이 이뤄져야 한다.

그 사람이 지금 어떤 상황에 처해 있는지, 어떠한 성격적 특성을 갖고 있는지, 지금 간절히 원하는 것이나 부족한 것이 무엇인지, 이 제품이나 사업에 대해 얼마나 관심을 갖고 있으며 앞으로 얼마나 더 관심을 가질 가능성이 있는지를 파악하는 것이 바로 만남에서 이뤄져야 할 일들이다.

즉 인간관계를 확장하고 구축하기 위한 자리다.

따라서 상담에서는 상대방에게 이런저런 질문을 던지고 마음을 열도록 하는 것이 중요하다.

특히 마음을 닫고 있는 상대방이라면 억지로 설득을 하려 들지 말고 적정한 선에서 물러서는 태도를 취하되, 그 사람과 좀 더 인간적인 유대관계를 쌓아나갈 수 있도록 길을 터 놓아야 한다.

장점을 찾아 칭찬하고, 단점은 덮어준다

비난은 위험하다. 자존심이라는 화약고를 폭발시키기 때문이다. 영문학의 귀재 토머스 하디는 매정한 비평으로 영원히 펜을 꺾었고, 영국의 천재 시인 토머스 하튼은 심지어 잔인한 비평에 상처 받아 스스로 목숨을 끊었다.

반면 벤자민 프랭클린은 젊었을 때는 대인관계가 나쁘기로 유명했지만 훗날 능란한 대인관계 기술을 습득해 주불 대사로 임명되었다. 당시 그는 자신의 성공적인 대인관계 기술의 핵심을 다음과 같이 강조한 바 있다.

"남의 단점을 들춰내지 말라. 장점만 칭찬하라."

나아가 영국의 사상가 칼라일은 이렇게 말한다.

"위인은 하인을 다루는 방법에서도 그 위대함을 드러낸다."

남을 비판하거나 잔소리하는 일은 누구라도 할 수 있다. 반면 이해와 관용은 뛰어난 성품을 가진 이들만이 갖출 수 있는 미덕이다.

4. 헤어지기 전에 다음 약속을 잡아라

네트워크 사업자로서 항상 가져야 할 핵심적인 태도는 자신감과 당당함이다. 사업자는 예비사업자나 고객에게 일방적으로 매달리거나 비굴하게 굴 이유가 없다.

따라서 그날의 상담 목적을 최종적으로 달성하지 못하거나 상대방으로부터 거절을 당했더라고, 설득을 위해 억지로 강요를 되풀이하거나 시간을 끌며 저자세로 매달리는 것은 피해야 한다.

저자세나 질질 끄는 태도는 오히려 거부감만 자아낼 뿐이며, 추후의 지속적인 관계 자체를 불가능하게 만들 수도 있다. 그럴수록 상대방은 '이 사람은 다시는 만나지 말아야지.'라고 생각할 수도 있다.

이런 경우에는 담담하고도 예의바른 태도로 이 만남을 위해 시간을 내준 것 자체에 감사를 표하며 상담을 깔끔하게 마무리하는 것이 좋다.

경쾌하고 깔끔한 태도로 종료하면 오히려 다음 만남의 여지를 남길 수 있다.

사람과 사람의 만남을 지속되게 하는 힘은 일관성과 정직

성, 성실성에서 나온다. '저 사람은 단지 사업 목적으로, 제품 소개 목적으로 나를 만나려 하는구나.'가 아니라 '저 사람은 정직하고 성실하게 일하는 사람이구나.'라는 인상을 주는 것이 중요하다. 그래서 만남의 마무리를 잘 하는 것이 이후의 관계에 큰 영향을 끼친다.

이때 앞으로 다시 만날 수 있다는 여운을 남기는 것과 동시에, 헤어지기 전에 다음 약속을 잡는 것이 중요하다.

"다음에 또 만납시다."나 "제가 다시 연락드리겠습니다." 와 같이 애매모호하게 말하는 것보다는, "이 부분에 대해 다시 말씀드리고자 하는데 다음 주 금요일 3시가 괜찮으신지요?"와 같이 그 자리에서 다음 약속을 정확히 잡아두는 것이 좋다. 애매하게 헤어지는 것보다는 다음 약속을 확정해 두어 다음을 기약하는 것이다.

또한 만남을 마무리하고 돌아온 후에는 문자메시지나 이메일 등의 수단을 통해 감사의 메시지를 전달하는 것이 바람직하다.

그 사람과의 만남 자체에 가치를 두고 있다는 뜻을 전달하면 상대방의 뇌리에 다시 한 번 각인될 것이다.

성공의 99%는 사업설명에서 결정된다

'시스템을 따라했더니 지금의 위치에 서게 되었다.'

'나의 생각보다는 시스템을 토대로 했을 때 훨씬 수월하게 사업을 할 수 있었다.'

'시스템을 잘만 활용한다면 내가 가진 배경이나 조건의 한계는 무의미했다.'

이러한 말들은 네트워크 사업의 성공자들이 하나 같이 입을 모아 하는 이야기들이다. 성공하는 데 걸리는 시간에 있어서나 사업의 규모에 있어서, 시스템을 어떻게 이용하는 가에 따라 속도와 크기가 달라진다.

마케팅 분야에 경력이 많거나 영업 분야의 경험이 많은 사람이라 할지라도 시스템을 활용하지 않고 자기 방식대로만 했을 때는 성공하기가 어렵거나 시간이 많이 걸린다. 반면 이 분야에 경험이 전혀 없는데도 시스템을 최대한 활용한 사람들 중에 억대 연봉자의 대열에 오른 사례가 많다.

네트워크 마케팅 시스템은 수많은 성공자들의 성공의 경험을 토대로 만들어진 검증된 방식이며, 따라서 기존의 다른 마케팅 이론과도 차이가 있다.

그래서 누구나 그 시스템을 따라 하기만 하면 가장 효율적인 방법으로 성공에 이를 수 있는 길이 보장되어 있다고 할 수 있다.

그래서 '복제' 라는 단어를 쓴다. 시스템을 복제하기만 하면 누구나 성공할 수 있다고 하는 것이 바로 네트워크 마케팅을 정의하는 가장 대표적인 표현이다.

네트워크 마케팅은 광고나 중간 유통과정 없이 제품을 소비한 실제 소비자들의 네트워크에 의해 새로운 소비자 및 사업자를 확장시키는 방식이다.

소비자가 동시에 사업자가 됨으로써 제품의 소비가 확장되는 연쇄적인 구조로 이뤄진다. 이러한 특수성 때문에 네트워크 비즈니스는 연쇄적으로 시스템을 배우고 노하우를 익히고 실천하는 과정을 되풀이하는 가운데 안정적으로 사업을 할 수 있게 된다.

이는 마치 수학이나 과학의 정해진 공식을 익혀두기만 하면 어떠한 숫자를 대입해도 옳은 답이 나오는 것과 같은 이치이다.

공식을 알기 전까지는 도저히 풀 수 없던 문제가, 일단 공식을 익히고 그대로 대입하고 나면 간단히 풀리는 것이나 마찬가지이다.

체계적인 시스템을 갖춘 회사를 선택하여 성공자들의 시스템을 100% 활용한다면 누구나 성공자의 반열에 오르게 될 것이다.

좀 더 자세한 내용은 〈네트워크 마케팅 이렇게 해 봤어요?〉를 참조하세요

강형철 지음 / 256쪽 / 값 13,000원

네트워크 사업을 성공으로 이끌 최고의 바이블

어떻게 해야 성공적인 네트워크 사업을 할 수 있는지에 대한 조언은 흔하다. 하지만 정말로 현장에서 활용할 수 있는 요령을 터득하려면 '실천'이 중요하다. 아무리 좋은 마케팅과 방법도, 머릿속으로만 알고 실천에 옮기지 않으면 무용지물이기 때문이다.

이 책은 네트워크 마케팅을 할 때 어떤 문제가 닥칠 수 있으며 그럴 때는 어떤 방법으로 해결할 수 있는지를 실질적으로 알려준다. 누구나 즉각 활용하고 자신의 답답한 점을 해소할 수 있도록 명쾌하게 해결법을 제시함으로써 각 개인의 단계에 맞는 상황별 해법과 방법을 찾을 수 있다. 각 항목들을 꼼꼼히 숙지해두고 사업 현장에서 실천에 옮기기만 한다면 그동안 반복했던 실수를 자양분 삼아 더 발전한 내일을 일굴 수 있을 것이다.

5장
찾아오게 만드는 인간관계의 노하우 _인맥 구축

1. 나만의 인맥 지도를 그려라 2. 당신은 최근 몇 사람과 명함을 교환했습니까? 3. 인맥구축 노하우 1:10:100의 법칙 따라하기 4. 세계 성공자들의 인맥 구축 노하우? 5. 주위에 있는 인맥 만들기 공식 6. 최고의 네트워크 인맥을 만드는 4가지 법칙 7. 경계해야 할 인맥이란?

6장
완벽한 사람은 없다 _동기부여

1. 동기부여와 동기의식은 어떻게 갖는가? 2. 리더에게 필요한 마인드 3. 리더에게 필요한 요소 4. 시간이 지나면 저절로 배우는 마음의 법칙 5. 금이 간 인간관계를 회복하는 방법 6. 사람의 마음을 움직이는 법 7. 장애물을 극복하는 노하우

7장
진심보다 더 강한 테크닉은 없다 _후속조치

1. 모든 것은 자세에 있다 2. 리더는 항상 질문하고 체크하라 3. 고객과 사업자를 내 편으로 만드는 실전기술 ① 고객과 사업자에게 신뢰를 얻지 못한 이유는 여기에 있다 ② 칭찬과 감사에도 노하우가 있다 ③ 내 편으로 만드는 몸짓 언어 ④ 마음을 사로잡는 몸짓의 단어 ⑤ 절대 하지 말아야 할 한 마디 ⑥ 화날 때 해야 하는 말과 해서는 안 되는 말 ⑦ 상처를 주는 말 하지 않는 법 ⑧ 문제를 해결하는 대화법 ⑨ 논쟁을 피하는 방법 ⑩ 양보를 이끌어내는 대화의 법칙 4. 상대방을 내 편으로 만드는 실전 대처법

네트워크 비즈니스 사업자용 도서 리스트

No	도서명	분류	저자
1	변화 속의 기회	컨택용	박창용 지음
2	이렇게 살아도 되는 걸까?	컨택용	백상철 지음
3	네트워크마케터를 위한 초기3개월 성공테크	사업진행용	김청흠 지음
4	네트워크마케팅 시스템을 알면 성공한다	시스템	석세스기획연구회지음
5	나우! 유턴	컨택용	최병진 지음
6	아바타 수입	컨택용	김종규 지음
7	네트워크 마케터 이혜숙이 그린 꿈의 지도 4,300원의 자신감	사업진행용	이혜숙 지음
8	시작하라	컨택용	장성철 지음
9	네트워크 비즈니스가 당신에게 알려주지 않는 42가지 비밀	사업진행용	허성민 지음
10	고객을 내편으로 만드는 액션플랜	사업진행용	이내화 지음
11	나인 레버	마인드	조영근 지음
12	드림빌더	리더십	김종규 지음
13	책 속의 향기가 운명을 바꾼다	마인드	다이애나 홍 지음
14	최고 인맥을 활용하는 35가지 비결	리더십	박춘식,장성철 지음
15	리더의 격	리더십	김종수 지음
16	다섯 친구	리더십	다이애나 홍 지음
17	1등이 아니라 1호가 되라	리더십	이내화 지음
18	살아가면서 한번은 당신에 대해 물어라	리더십	이철휘 지음
19	실패를 핑계로 도전을 멈추지 마라	리더십	이병현 지음
20	출근시작 30분 전	리더십	김병섭 지음
21	남편만 믿고 살기엔 여자의 인생은 짧다	자기계발	허순이 지음

시스템에서 추천하는 건강도서 리스트

No	도서명	분류	저자
1	비타민, 내 몸을 살린다	건강	정윤상 지음
2	물, 내 몸을 살린다	건강	장성철 지음
3	면역력, 내 몸을 살린다	건강	김윤선 지음
4	영양요법, 내 몸을 살린다	건강	김윤선 지음
5	온열요법, 내 몸을 살린다	건강	정윤상 지음
6	디톡스, 내 몸을 살린다	건강	김윤선 지음
7	생식, 내 몸을 살린다	건강	엄성희 지음
8	다이어트, 내 몸을 살린다	건강	임성은 지음
9	통증클리닉, 내 몸을 살린다	건강	박진우 지음
10	천연화장품, 내 몸을 살린다	화장품	임성은 지음
11	아미노산, 내 몸을 살린다	건강	김지혜 지음
12	오가피, 내 몸을 살린다	건강	김진용 지음
13	석류, 내 몸을 살린다	건강	김윤선 지음
14	효소, 내 몸을 살린다	건강	임성은 지음
15	호전반응, 내 몸을 살린다	건강	양우원 지음
16	블루베리, 내 몸을 살린다	건강	김현표 지음
17	웃음치료, 내 몸을 살린다	건강	김현표 지음
18	미네랄, 내 몸을 살린다	건강	구본홍 지음
19	항산화제, 내 몸을 살린다	건강	정윤상 지음
20	허브, 내 몸을 살린다	건강	이준숙 지음
21	프로폴리스, 내 몸을 살린다	건강	이명주 지음

No	도서명	분류	저자
22	아로니아, 내 몸을 살린다	건강	한덕룡 지음
23	자연치유, 내 몸을 살린다	건강	임성은 지음
24	이소플라본, 내 몸을 살린다	건강	윤철경 지음
25	건강기능식품, 내 몸을 살린다	건강	이문정 지음
01	내 몸을 살리는, 노니	건강	정용준 지음
02	내 몸을 살리는, 해독주스	건강	이준숙 지음
03	내 몸을 살리는, 오메가 3	건강	이은경 지음
04	내 몸을 살리는, 글리코 영양소	건강	이주영 지음
05	내 몸을 살리는, MSM	건강	정용준 지음
06	내 몸을 살리는, 트랜스퍼 팩터	건강	김은숙 지음

내 몸을 살리는 시리즈(도서는 계속 출간됩니다)

저자 소개

강형철 부산 동아대학교에서 회계학을 전공했으며 대우증권에서 근무하던 중에 네트워크 비즈니스를 접한 뒤 네트워크 비즈니스에 대한 활발한 컨설팅과 강의를 펼치고 있다. 국내·외 네트워크업체에서 '네트워크 비즈니스의 선진적인 사업 플랜'을 강의중이며, 다양한 자문활동을 통해 수많은 사업자들에게 네트워크 비즈니스를 통해 새로운 삶과 함께 성공적인 사업 방법을 전하고 있다.

이메일 : khc3335@naver.com

거절을 YES로 바꾸는 사업설명회의 비밀

초판 1쇄 인쇄   2017년 04월 20일
1쇄 발행   2017년 04월 25일

지은이	강형철
발행인	이용길
발행처	**모아북스** MOABOOKS
관리	양성인
디자인	이룸

출판등록번호	제 10-1857호
등록일자	1999. 11. 15
등록된 곳	경기도 고양시 일산동구 호수로(백석동) 358-25 동문타워 2차 519호
대표 전화	0505-627-9784
팩스	031-902-5236
홈페이지	www.moabooks.com
이메일	moabooks@hanmail.net
ISBN	979-11-5849-048-5 03320

모아북스 MOABOOKS 는 독자 여러분의 다양한 원고를 기다리고 있습니다.
(보내실 곳 : moabooks@hanmail.net)